노랭이 새끼들을 위한 변명

빛남시선 118

노랭이 새끼들을 위한 변명

조
해
훈

시
집

빛남출판사

• 서시

저 산이 내게 말하는 건

　이 눈부신 햇살, 계곡물에 비쳐 더욱 빛이 나는, 그래서 화개골에서는 감미로워지는 나의 육신 내 정신은 저 산 골짝에서 피어나 이골 저 골 흘러 다니는 구름 따라잡지 못하고 밝았다 흐렸다 불안한 아이들의 영혼 같다 평생 동안 해야 할 일은 일상 속으로 들어가 평범한 사람이 되려는 것 굳이 불타가 아니더라도 수행생활을 하지 않더라도 무욕의 경지에 도달하는 것 세상일은 오묘하여 무궁하니 항상 도리대로 살아야 한다고 내가 전생에 수도승이 아니더라도 저 산, 참 스승이 말하는 것이니 아, 만법의 진리는 내 마음 속에 있지 않은가

조해훈

서시 • 5

1부

희열, 넘어 무아지경 • 13
노랭이 새끼들을 위한 변명 • 14
저 예쁜 할머니들 • 15
그릇 • 16
몰살에 대하여 • 17
카페 루나에서 • 18
파이어, 군불 때기 • 19
맨드라미 • 20
멱 감는 아이들 • 21
불일폭포 앞에서 • 22
삶은 은유이다 • 23
인연법에 대한 해설 • 24
절밥 • 25
라면을 끓여 먹으며 • 26
김장김치를 먹으며 • 27
노고단에서 • 28
딱따구리 • 29
검은 돌하르방 • 30

2부

막걸리를 마신다 • 35
수렵금지지역 • 36
묘봉치에서 • 37
빗점골 단풍 • 38
꽁꽁 언 불일폭포 • 39
고양이들에게 • 40
위안이라는 것 • 41
이 햇살을 • 42
나는 얼마나 자유로운가 • 43
내가 무식해서 • 44
노랭이 삼촌 • 45
김장김치 • 46
녹향다원에서 • 47
저 아이 • 48
불일폭포 가는 길 • 49
마나우 투파파우 • 50
문바우등에 올라가며 • 51
병문안 • 52
화개동천의 물소리를 들으며 • 53
세상은 아직도 어둡다 • 54
차산에서 내려오면서 • 55

3부

마음이 아픈 그 • 59
불일암 일용스님에게 • 60
삼신봉에서 • 61
벽소령에서 • 62
녹차를 우려마시며 • 63
문집 아저씨 • 64
여러 상념이 떠올라서 • 65
불일폭포에 갔다 오며 • 66
이가영 선생 • 68
정구지 • 70
임시장터에서 • 71
지리산 • 72
진현 스님 • 73
남해 스님의 차 만들기 • 74
찻집에 홀로 앉아 • 75
길을 걸으며 • 76
찻잎을 따며 • 77
텃밭을 만들고 • 78
의신마을 • 79
권경란 할머니를 조문하다 • 80
입을 열면 창자가 다 보인다 • 82
계곡 물소리 요란한데 • 83
권혜련 차인 • 84

4부

발바닥이 아프다 • 89
벌건 녹차밭 • 90
산매실 • 91
키 큰 차나무 • 92
첫눈 내리는 목압마을 • 93
수도 파이프를 고치고 • 94
쌍계초등학교 아이들 • 95
용운민박 어르신들 • 96
이장님 댁에서 • 97
차산에서 • 98
이승우 할아버지 • 99
왕시루봉에서 • 100
작은 찻잎 • 101
저녁 무렵 • 102
진감국사비 • 103
고사리를 말리며 • 104
매화꽃이 피었네 • 105
반상회 • 106
녹차를 만들며 • 108

1부

희열, 넘어 무아지경

 저건 인간의 원초적 본능이다 오래전 문명 문화란 이름으로 사라진 모습, 목압마을 주민들이 살려냈으니 가장 인간적인 예술이다 많이 배우지 못하고 잘난 것 없는 지리산 산촌 사람들의 순수한 영혼, 도회지 사람들에게는 없다 간직해야 할 영혼의 유산이니 어느 단계를 넘어서야만 이루어질 수 있다 평소 허리 꾸부정한 할머니들 어떻게 저리 펼 수 있단 말인가 몸과 정신이 합치된 동작, 신이 내린 분들이 분명하다 십일월 마을 야유회 관광버스 안

노랭이 새끼들을 위한 변명

어쨌든 생명은 축복이다 내 집 녹차작업장에서 자란 고양이 노랭이 첫 새끼 네 마리를 낳았다 그것들 마냥 부대끼고 비비고 찍찍 소리친다 입에서 나오는 소리지만 말이 되지 않는다 메시아를 찾는가 헤롯의 군사들처럼 구석구석 뒤지고 들쑤신다 에미의 젖으로 배를 채우고 서로 달라붙어 웃는 얼굴로 자는 모습들 보면 기립박수를 치고 싶다 살면서 행복한 순간은 이처럼 기약 없이 찾아온다 생각하는데 한 놈 잇몸 드러내며 희게 희희거린다

저 예쁜 할머니들

겨울 구례 오일장날 오후 버스정류장
빨강 무늬 색깔이 저리도 많았던가
할머니들 빽빽하게 앉아 계신다
저렇게 다들 예쁘게 살아오신 것
집으로 돌아가는 버스 기다리는 모습들
어쩌면 나에게 기쁜 마음 주시려고
저렇게 붉은 색색으로

나도 늙으면 저렇게 앉아 있고 싶다

그릇

 '기쁠 희' 두 자가 적힌 그릇으로 물을 마셨습니다 꽃이 살포시 열리는 느낌 그 미세한 떨림을 느꼈지요 도공은 이 그릇으로 물과 음식을 먹는 사람들에게 기쁜 일만 가득하라고 기원하며 쌍희자를 썼을 겁입니다 이 글자에서 "하는 행위에 따라 최고의 수행자가 된다"는 잡아함 102경의 말과 당나귀들이 끄는 통가마차의 덜거덕거리는 소리를 들었습니다 장작불을 지펴 가마에 그릇을 굽는 그 자체가 큰 수행이지요 그건 싯다르타가 출가하여 정각하기까지의 여정과 같을 겁니다 도공은 자신의 마음이 그렇게 아름답고 깊은 줄 몰랐을 겁니다 그의 지극한 마음이 이어져 오늘 내 마음까지 움직일 줄 몰랐을 것이지요 때묻은 손 어두운 영혼들이 그릇 덕분에 좋은 일이 많았을 테지요 사람이 생물 중의 생물이라 영혼이 움직인다지만 도공은 이토록 투명한 '囍' 자취로 몇 백년간 그대로라니요

몰살에 대하여

 생명의 죽음에 울지 않는 사람이 어디 있으랴 드센 이도, 진여일심의 수행자도 아득한 추억들 떠올리며 슬퍼한다 어미 젖 떼고 좀 자란 중간 크기 고양이들 아침에 보니 다 죽어 있다 순간 자책감과 울컥 속울음이 터져 나왔다 매일 밥을 주며 돌보던 길고양이들이었으니 아, 이제는 너희들 생각나면 어쩌나 다시는 볼 수 없는 슬픔을 내게 주려 그토록 정을 붙였던가 아직 추위가 오지 않을 때, 누군가 너희 보기 싫어 약을 놓았을까 살다 보면 생채기 남는 마음 상하는 일 많지 않던가 아픈 곳에 자꾸 손이 가듯 너희 내 속에 들어와 있는데 앞으로의 시간 너희에게 나는 슬픔의 대가를 치러야 하리 나는 마음 편안히 쉬지 않으리니

카페 루나에서

  저기 광양 백운산이 양팔 벌려 지리산 어깨를 감싸 안고 있다 화개중학교 아래 화개골의 유일한 들판 나락이 누렇게 익고 있다 화개동천이 태극모양으로 흐른다 혼자서는 아름다울 수 없기 때문이다 백혜마을 한 평짜리 '카페 루나' 유리창으로 세상의 부드러운 햇살 다 들어온다 산 그림자는 끼지 않고 뉴욕서 온 푸들 루나는 외롭다고 낑낑댄다 나는 저 첩첩의 산들을 감성적으로 얼마나 경배하고 있을까 그렇게 혼자 속삭인다 다행히도 내 영혼이 무엇과 내통하고 있는 게다

파이어, 군불 때기

  무쇠솥 아래 장작불이 훨훨 탄다 나무에 붙은 불, 마치 혼곤하게 잠든 듯 허물거리는 의식 서서히 깨어난다 세상의 모든 것 다 태울 듯한 불 신기해 한참 들여다본다 마침내 온몸이 젖어, 정신까지 젖어 빨려 들어갈 것 같다 내 삶은 초췌한데 군불 때는 저 파이어, 잠시도 타기를 멈추지 않는다 저리 화려할 수가, 저 속에 분명 빈 곳이 있을지니

맨드라미

 앞집 죽계 김동혁 선생 댁 입구 감나무 베어 낸 조그만 공간 타조 다리처럼 길쭉하게 맨드라미 두 포기 올라와 있다 시멘트로 둘러싸여서일까 키만 키웠다 주먹 쥐고 일어선 듯하다 저토록 빨간 꽃빛 가슴이 아린다 꼭 저렇게 핏빛으로 피어야만 했을까 눈을 감았다 떠 다시 쳐다보았다 아, 관세음보살 행심반야바라밀다시

멱 감는 아이들

 아이들의 물놀이는 참으로 예쁜 짓이다 꽃 꽃 꽃들이 계곡 바위에 매달려 있는 모습이다 내가 사는 목압마을 입구 목압교 아래 꽃사태가 났다 육십년 사는 동안 나를 울리고 간 사람들 있지만-세상에는 더 많은 사람들 울고 갔으리라-물 위로 날아다니는 아이들 웃음소리 내 슬픈 세월 덮어버린다 고맙구나 도회지서 더위 피해 온 얼굴 모르는 아이들아 아무리 부대껴도 흉이 안 되는 아이들아

불일폭포 앞에서

 찰찰찰 검은 바위로 가늘게 떨어지는 허연 물살 부딪히고 부딪혀 많이 아플 것 같다 아래쪽은 쉐쉐쉐 소리 난다 색색으로 물든 낙엽이 어느새 다 떨어져 폭포가 조금은 외로우리라 저 물은 가 닿는 끝이 어딘지도 모른 채 낙하한다 폭포수가 예뻐서일까 주위 산벼랑들이 어깨 걸어 포옥 감싸주고 있다 나는 물웅덩이 안 산 그림자 보고 놀라고 빈 나뭇가지는 초겨울 소리를 낸다

삶은 은유이다

 영화 '일 포스티노', 이탈리아 작은 섬에 망명한 칠레의 유명 시인 파블로 네루다가 시에 대해 아무 것도 모르는 우편배달부 청년 마리오에게 말하지 않았던가 시는 은유이다 의지만 있으면 세상을 바꿀 수 있다는 네루다의 말 시인이 된 마리오가 집회에 참가해 죽는다 영화를 다 보고 생각이 들었다 삶은 은유이다 은유 메타포란 고요한 호수이기도 하고 모든 것을 휩쓸고 가버리는 광풍이기도 하다 출렁이는 마음 슬픈 얼굴도 은유이다 햇살 좋은 만추의 지리산도 은유이다

인연법에 대한 해설

 인연을 따라 생긴 것은 인연을 따라 소멸한다는 싯다르타의 말씀을 어리석은 나도 알고 있다 산들은 계곡들은 그 말씀을 깨닫기 위하여 귀를 기울이고 숨을 죽여야만 한다 사람들은 늙어 지문이 다 닳은 이라도 그렇게 애를 쓰지 않아도 발버둥치지 않아도 가르침을 받지 않더라도 절로 알게 된다 인연은 굳이 가지 마라 오라 할 필요가 없다 다시는 당신 못 보면 어떻게 하나 밤마다 제 가슴 상처 낼 필요가 없다 오지 마라 하여도 돌아오는 게 인연이다

절밥

 폭염의 날, 어느 절 식당에서 우연히 점심을 먹는다 작달막해도 덩치가 좋은 스님들 곁에서 떨어진 자리, 식당 보살 권하신다 밥 한 끼 얻어먹는 마음 눈치 보인다 타클라마칸사막 걸으면서 생수 한 모금 마시며 점심 대신하던 때 세상이 이토록 아름다운지 몰랐다고 생각하던 기억 떠오른다 떠들썩하던 스님들 숟가락 놓은 채로 일어서니 보살들 뒤치다꺼리하고 나는 먹은 수저 밥그릇 씻어 챙겨놓고 나온다 보살 한 명, 스님들 과일 챙겨주고 커피 마실 준비해주러 급히 뒤따른다 스님 수행 중 외부인 출입금지, 나는 수행하러 들어가지도 못하는데 혼자만 발우공양하였으니 싯다르타는 말했다 발우공양은 맑은 정신이고 참다운 몸이니

라면을 끓여 먹으며

　나이 육십이 다 되어도 라면을 끓여 먹는다. 불은 라면과 함께 김치를 건져 먹는 맛이 여전하다. 대학 시절 너무나 빈곤하였다. 라면을 며칠 먹고 난 뒤 위에 문제가 생겼다. 위가 퉁퉁 부은 느낌이고 구역질이 올라왔다. 밥이 넘어가질 않았다. 나와 내 가족의 이 가난을 어찌 이겨낼 수 있을까. 눈물이 자꾸 흘러서 걷고 또 걸었다. 요즈음 부처라는 단어가 자꾸 떠오른다. 그의 삶과 고행이 아니라 그냥 부처라는 단어다. 모든 사물, 입에 넣는 이 라면에도 부처라는 글자가 새겨져 있다. 상상도 아니고 환영은 더더욱 아니다. 내가 쌍계사라는 큰 절 옆에 살아서도, 청학동이라는 불일폭포에 자주 다녀와서도 아니다. 책상 위 책의 표지도 부처라는 글자로 액자화 되어 있다. 오늘 아침 일찍 산책을 할 때도 눈에 보이는 것은 온통 부처였다. 풍경 같은 이미지이다.

　지금 나는 퉁퉁 불어터진 부처를 후루룩 젓가락질하며 먹고 있다.

김장김치를 먹으며

 저 화개동천의 맑은 물처럼 내 마음과 눈 언제나 푸르기를 바라노니 십이월 첫날 용강 사는 동갑 서정임 김장 했으니 밥 먹으러 오란다 나뭇잎 다 떨어지고 있어도 계곡은 햇살에 빛난다 푸른 연기 가득한 대숲에서 달을 읊조리며 살고 싶네 사람들 꽃 사이에서 놀며 종종 불러낸다 사람살이란 하나의 마음이니 정이 많은 벗의 김장김치 밥 위에 얹어 먹는다 끝나지 않는 여운처럼 권하는 밥 먹다 보니 세 그릇 비웠다 새벽도 아닌데 내 마음 기쁨에 더욱 푸르다

노고단에서

하도 풍상 많이 겪어
억세기로 당할 자가 없다
노고단 할매가 그렇다
둥그스름한 반야봉 그 너머 천왕봉
할매 손길 덕분인지 쓸쓸하지 않다

혼자 그냥 바라만 보기에는
은은한 외로운
온몸으로 만나는
잠들기 아까워 잠 못 드는
마음 다 주고 기대는 사랑이 이럴 게다

딱따구리

 딱따따따 지난밤 잠들지 못하여 웅웅대는 귓가에 분명한 소리로 들린다 불일평전 인근 소리 나는 나무 높다 길 나설 때 반짝이며 나를 바라보던 초승달 이미 사라졌다 딱따따따 놀랄까봐 걸음 멈춘다 내가 네가 천고의 무엇인가 나는 몸 아파 지팡이 짚고 한 발 한 발 디디며 찾아온 저 아래 마을 사람이다 그래도 너는 딱따따따 나무 냄새 맡고자 구멍을 파는 것은 아닐 터이니

검은 돌하르방

 안간힘으로 견디지 않더라도 무서운 생각이 들만도 한데
 화개골 흔적문화갤러리 골동품 전시장 앞 검은 돌하르방
 아무 생각 없이 밤에 길 걸어오다 시커먼 저것 무엇일까
 약간 무섬증 들어 슬슬 조심해서 다가가 보니 시커먼 것
 두 손 모으고 이죽이죽 웃으며 나를 보고 더 가까이 오라고
 남이 보면 제자리걸음한다 분명 놀릴 거야 느린 내 움직임
 저 큰 것 보곤 바로 돌아서야지 이 깨물며 가보니 그것이네
 밤눈 어두워 내게는 살아있듯 느껴지는데 나이 아깝다며 웃네
 하늘의 저 흐린 달빛도 화개동천의 계곡물과 함께 깔깔거리네

나는 설움의 누명을 겹겹으로 쓴 것처럼 억울하여
벌써 울고 있다

2부

막걸리를 마신다

해가 중천에 떠 있는 대낮, 멸치 한 움큼 꺼내 놓고 막걸리를 마신다. 심장 혈관이 막혀 스탠트 삽입한 탓에 술을 마시면 안 된다는 말을 숱하게 들었다. 고독이라는 이 인간의 엄청난 철학을, 사유를, 시상을, 어쩌면 병을, 그러면 어쩌란 말인가. 내 육신 속에 또 다른 영혼의 그것이 있다. 평범하지 못한, 갈수록 어색해지는, 억지의 웃음과 일부러 내뱉는 말, 낯설어지는 사람들 관계, 모두 미쳤기 때문에 어울려 산다고 하였다. 난 그것도 참으로 어렵다. 그러고도 일 년여만 있으면 나이 육십이다. 남들은 나의 고독의 깊이, 쓸쓸한 정조를 모른다. 알려고 하지도 않는다. 그냥 점잖아 입 다물고 있는 줄로만 안다. 누군가 나의 흐리멍덩한 눈을 들여다보아라. 내 맘 들킬까 도망간다면 일부러라도 붙잡아보아라.

수렵금지지역

  인근 마을 아저씨 멧돼지와 싸웠다고 소문이 났다 우리는 그의 용감무쌍한 영웅담에 대하여 귀를 기울였다 너무 뻔한 이야기의 기대는 충격만 주었다 안타깝게도 오십 두 바늘 꿰매었다는 것 누구나 산에서 일하는 게 조심스러워졌다 나도 차산에 발걸음 옮기는 게 쉽지 않다 목압마을 다리 입구에 수렵금지지역 간판 크게 걸려 있다 국립공원 1호 지리산 마을 사람들의 현실과 상상력은 갈수록 오그라드니 아, 자연과 더불어 살아가는 사람들 날마다 자연에 잠기는 사람들 고요한 산이 야단스러워지는 산간지대의 초겨울 풍경이니

묘봉치에서

아, 내가 여기 오도록 산들이 얼마나 기다렸을까
속상함 그리움을 밤낮으로 주고받았을 게다
지리산에 들어온 지 근 일 년 만에 찾았으니
저 시리도록 파란 하늘빛에게 미안하다
내 몸이 물에 젖었던 것인가
좀처럼 수면 위로 오르지 못할 만큼
난들 어쩌지 못할 만큼 무거웠으니
그래도 역시 지리산은 어머니의 산
몸 푼 산모의 웃음으로 나를 맞아 주고
밤새 내린 눈으로 꽃밭을 만들어 주었으니
내가 어찌 이 꽃들을 무심코 만질 수 있으랴
이제는 아름다운 것 몸 언어로도 말할 수 있으니

빗점골 단풍

 세상은 과거를 기억하기보다는 현재를 기억하니
 가슴에 품었다고 영원히 사는 것은 아니다
 늦가을 빗점골, 그저 아름답다고 등산화 발자국들은 말하고 있다네
 무거운, 납덩이같은 마음으로 바라보아도 아름다운 건 틀림없으니
 뒤의 사람이 아무리 만나고 싶다 한들
 저 헤어진 시간들 굵은 빗방울에 깊이 패여
 해맑은 하늘 작정이라도 한 것이군
 나는 무덤 없어 술 한 잔 부어주지 못하는데
 놀리듯 저리도 높아 구름 한 점 없네
 내 찾아왔단 소식 어디에고 전하지 말지니
 그저 지나가면서 중얼중얼거리는 바람소리일지니

꽁꽁 언 불일폭포

내가 사는 목압마을 뒤쪽에 있는 불일폭포
눈 하얗게 하얗게 많이 내려
산죽 참나무 소나무에 눈꽃 참 많이 핀 날
정강이까지 빠지는 눈 밟으며
입에 허연 입김 뿜어내며
느릿느릿 불일폭포에 갔다
세상에, 폭포가 시퍼렇게 얼어 있다
꽁꽁 언 폭포 속에 보이지는 않지만
촬촬촬 물소리 들린다
물이 살아 흐른다
어떻게 저렇게 퍼렇게 얼어 있을 수 있을까
청학이 꽁꽁 얼어붙어 있는 형국이다
다른 사람 눈에도 저 청학의 흔적 보일까
내가 오늘 처음 발자국 내었으니
아직 아무도 저 푸른 학을 보지 못했으리니

고양이들에게

나는 어리석고 답답한 사람이다
어쩌다 열 마리나 되는 너희들
태아 때부터는 아니지만 밥줄을 쥐게 되었으니
이렇게 느리고 미욱한 사람을 의지하다니
세상에 쓸모없는 것들이 없다는 말
그동안 산과 밭을 떠돌던 여리고 작은 생명들
너희들에게 과연 내가 쓸모가 있다는 것인가
절절하지는 않지만 이 기구한 만남
그렇다고 영원히 믿지는 말거라
원래 인간의 타고난 성질이란 고약하거늘
일부러 너희들 버리지는 않을 테지만
나도 내 삶을 지키지 못하는 날이 올 수도 있을 터
인연이란 끊어지면 쉽사리 이을 수 없다는 사실
나도 잘 알고 있어 이렇게 순응하고 있으니

위안이라는 것

백양산 쪽으로 천 개의 지리산 봉우리들
구름과 미세먼지에 어둡게
창 넓은 유리문 선팅한 듯 희미하다
오늘도 섬진강으로 흘러들어가는 화개동천
붓으로 칠해 놓았을까
크게 굽이쳐 흐른다
엷게 비치는 햇살 받으며
그다지 빛날 것 없는 내 삶
꺼내 보면 지금도 초라하다
늘 어정쩡한 내 정신에
바람이 살짝 다가오다 만다
내가 희미한 저 산의 능선들과
가문비나무에 휘감아 놓은 크리스마스 등불에
아픈 마음 달래고 있는 건
바람이 보지 못한 모양이다

이 햇살을

쌍계사 매표소 지나자마자 다리 건너 왼쪽으로 꺾어
예쁜 쌍계초등학교 앞 지나
화개동천과 나란한 길 걸어 집으로 나는 간다
사방은 싱싱한 녹색의 이파리들
뜨거운 햇살 쏟아진다
모자도 쓰지 않았다
아. 이 기분 좋은 햇살
온몸으로 들어오는구나
기분 같으면 옷을 다 벗어 맞이하고 싶다
길 양쪽 차나무도 햇살 받아
더욱 진한 색깔로 환하게 웃고 있으니

나는 얼마나 자유로운가

손가락이 아파 낫질을 조금 하다가 겹겹의 산을 보면서
이 노동의 내 삶은 예속인가, 자유로움인가
내가 스스로 택한 목압마을 농부의 길을
시작이 얼마되지 않아서 일까 종종 생각 든다
황장산 정상에 흘러다니는 저 구름처럼
과연 나는 어디에서 오고 이디로 가는지
아무도 모르게 가고 오고 할까
구속에서 완전 해방된 자유로운 삶이란 무엇인가
이 노동만은 내가 바라던 자유가 틀림없으니

내가 무식해서

오랫동안 묵혀놓은 차밭
길도 없고 산중에 있어
아무도 돌보지 않아 가시넝쿨 엉켜
내 키보다 큰 억새 숲이 되어 있는
일 년 내내 낫으로 베어내고
손으로 잡풀 뽑고 뿌리까지 파내는
예초기로 작업하면 쉬울 걸
무식해서 고집이 그런 것이니
허리 굽혀 엉거주춤 일하는
내 얼굴에 억새이파리가 때리고
가시가 내 옷을 잡아당긴다
그렇게 해봐야 누가 알아주냐고
무식하니 사는 게 늘 그렇다고

노랭이 삼촌

내 집에 노랭이라는 길고양이 가족이 살고 있다
어미와 수컷 새끼 노랭이, 암컷 새끼 예쁜이
박스로 만들어 준 부엌 쪽 집에서 같이 자고 먹는다
애비는 다른 고양이들과 현관 입구 박스 집에서 잔다
애비와 똑같이 생겼지만 크기가 조금 작은 노랭이 삼촌
옆집에서 자는지 먹을 때만 와서 먹고 떨어져 놀다간다
며칠 전 노랭이 삼촌 옆구리에 큰 상처가 두 군데 보이고
한쪽 눈도 붓고 상처가 있어 제대로 뜨지 못하였다
저걸 어쩌나 애만 태우다 상처가 곪는 것 같아
약을 발라주려고 밥 먹을 때 얼른 안으니
놀라서인지 할퀴고 물려고 하여 도로 놓아주었다
저만치 도망가 눈치만 보고 있어 밥을 갖다 주곤
어쩔 수 없구나, 네 운명에 맡길 수밖에
밥이라도 많이 먹고 빨리 낫기를 바랄 뿐이었다

김장김치

어디 나갔다 오면
비닐봉지에 담긴 김장김치 현관 앞에 있다
십일월 하순부터 십이월 초까지
목압마을은 집집마다 김장을 한다
고맙다고 인사를 하곤
감사히 밥 위에 얹어 먹는다
맵지만 너무 맛 있으니
어쩌면 김치 맛이 담근 그 할머니 얼굴인지
마치 할머니들 몸으로 김장을 하신 것은 아닐까
얼굴 다르듯 어찌 맛이 다 다른지
세상일 가운데 묘한 것 하나가 김장김치이니
매워 하하 하며 와작와작 먹는다

녹향다원에서

오랜 시간 모든 것이 정지된 공간
쌍계사 다리 앞, 다관도 다완도 뜬눈으로 새운 기억도
오줌 가리지 못하는 아이가 쌌을까
천장 종이에 묻어있는 누런 자국들
다른 사람의 영혼은 밤바다처럼 어둡다지만
스물 한 살 적부터 하얀 자존심 하나로
아프도록, 사십 년 전통찻집 열고 있는
여주인 오신옥, 찻물처럼 퍼져나가는 그 정신
불일폭포 갔다 내려오면서 꺾어 온 야생화
어떤 풍경은 부끄럽다지만
세상 그 어느 자리보다 마음 편한 차실
다른 아름다운 그 무엇 찾으려면
육십 줄 그녀 앞에 앉아
자글거리며 주름 이는 그녀 얼굴 보며 차를 마실지니
마음에 무언가 쓰윽 지나가는 게 있을 게다

저 아이

토요일 소나기가 오락가락한다
오남매식당에 가 점심을 먹고
쌍계사 매표소를 거쳐 다리 건너
쌍계초등학교 방향으로
바로 왼쪽 길로 접어들어
학교 앞으로 오니
초등학교 일 이 학년쯤 되었을까
한 남자 아이가
예쁜 걸상 네 개로 정문 대신 놓아둔
바로 안에 앉아 있다
나를 물끄러미 쳐다본다
뭐하는 것일까
놀다가 지나가는 나를 보는 것일까
아니면 집에 같이 놀 사람이 없어
학교 쉬는 날인데
그래도 학교에 오면 놀거리가 있을까 싶어
혼자 나와 저렇게 바닥에 앉아
심심하게 있는 것일까
아이가 혹 겁먹을까봐
말을 건네지도 못하였다

불일폭포 가는 길

돌길 위 또는 사이에 나뒹구는 도토리
캡슐처럼 길쭉하게 생긴 것
한 개 주워 들여다보다
조용히 그 자리에 놓아 둔다
아무도 보지 않을 때
서로 낮은 음성 주고받는
귀여운 다람쥐들 먹어야 되니
살아있는 것의 양식이니
돌길 걸어 오를 때마다 흩뿌린 듯 있다
발 디디며 혹여 밟을까봐
아이들 마냥 토끼발로 껑충 껑충
좌로 우로 춤추듯 발걸음한다

마나우 투파파우

해악스런 문명이 아직 찾아오지 못한 곳
내 정신은, 그 정신이 만들어내는 예술은
원시에서 나오는 것이니
나, 폴 고갱
빈센트 고흐를 떠나, 가족을 떠나
남태평양 프랑스령 타히티
식민지의 작은 항구 파페에테에 도달하였다
강한 햇살, 그리고 북적이는 검붉은 사람들
아, 여기도 욕심 질투 사랑이 뒤섞인 사람의 동네구나
아, 나는 입이 없는 세상을 원했으니
다행히도 이곳서 만난 애인 테하마나의 엉덩이가 크다
침대에 드러누우면 거무튀튀하게 빛이 나는 육체
저 모습만이 유일한 원시의 모습
내 정신이 가닿아 머무는 곳
내 고독, 향수를 잠재우는 물질이다

문바우등에 올라가며

안개가 심하여 내가 어디로 발 내딛는지
알 수 없는 신비로운
긴 오르막길 걸어도 걸어도 안개 속이니
팔 얼굴에 스치는 걸 보니 산죽이다
문바우등 향하여 다시 가파르게 오르니
다리가 풀렸을까 힘이 빠졌을까
강퍅하지 못한 내 성격 느껴지는 것 같다
아, 마침내 능선 위에 올라선 이 뭉클함
안개가 내 눈을 가로막지만
저 절경들을 내 촉수로 느끼니

병문안

내 앞집에 사는 죽계 김동혁 선생
통영 사량도에 가서 일 하다 뇌경색이 와
진주 경상대병원에 입원해 있어 병문안 갔다
오른쪽 머리 실핏줄이 터져 왼쪽 팔다리 불편하다고
죽계 선생, 나보다 한 살 위
수염을 깎지 않아 영락없는 할아버지 모습이니
하긴 손자가 둘이나 있으니 할아버지이긴 맞다
목소리가 좋고 농담을 잘해
목압서사 한시漢詩 낭독 연습할 때도 너무 멋지게 하였고
한시 발표회 때 기타 음악 들려주었다
이제 기타도 연주하기 어렵게 되었다며 멋쩍게 웃으시네
혈압약 지금부터라도 부지런히 먹어야겠다고
당분간 일을 하러 가는 게 쉽지 않아 걱정이라고
46병동에서 나와 집으로 돌아오는 내내
마음이 묵직하여 어디 가서 술이라도 한잔 해야겠다
생각 자꾸 들었다 술도 마시지 못하면서

화개동천의 물소리를 들으며

저기 겹겹의 산들도 귀 기울이고 있었다
섬진강으로 흘러가는 화개동천의 웃는 듯한 물소리
지난해 너무 가물어 마르다시피한 계곡
그렇지, 산들도 어쩌지 못해 마음만 졸였지
동천이 말라 상처투성이였을 정도였으니
이 골짝에서는 누구든 한가롭게 살지 못하였다
소나비처럼 퍼붓는 삼월 초순의 하늘
냉해까지 입어 버쩍 말라버린 차나무도
물 없어 키 더 자라지 못한 산죽도
오랜만에 살아있음에 감격해 하며
이 깊은 밤에 이죽이죽 웃고 있을 게다
그래, 삶이란 견디며 살고볼 일이지

세상은 아직도 어둡다

나이 육십이 되어도 아직 나는 길을 걷는다
어떤 땐 휘청거릴 정도로 심한 비바람을 맞고
어떤 땐 행인이 갑자기 달려들어 나를 넘어뜨리고
어떤 땐 함께 걷던 도반이 내 짐을 털어 가버린다
나는 힘이 다 빠져도 쓰러질 때까진 걸어야 한다
어머니, 자식들 생각하면 벌써 주저앉을 수는 없으니
들녘에 서서 생각해 보면 세상이 진정으로 내게 안긴 건
기억이 가물거릴 정도로 희미하게 겨우 몇 번 있을 뿐
어리석게도 나는 그래도 누구에게든 달려가 안긴다
아, 나보다 세상 사람들의 가슴이 메마르고 각박한 건
오랫동안 꽁꽁 언 겨울이 아직 덜 풀려서가 아니다
우리가 다 모르지만 아직 골목들에 어둠이 남아서이다

차산에서 내려오면서

겨울산이라 빨리 어두워진다
종일 일을 했는데도 그다지 표시가 나지 않으니
억새와 묵은 고사리가 많아서다
예초기로 하면 빠를 진대
고집스럽게 낫으로 하다 보니 더 그렇다
잔가시와 고사리 대는 손으로 뜯고
억새와 잡나무 새로 돋은 것은 낫으로 자르고
차나무 잎 웃자란 것은 낫으로 고른다
아침부터 어둑해져 차산에서 내려올 때까지
옷이 축축하도록 눈발이 휘날렸다
마을 길 접어들어 낫과 톱 길가에 두고
옷에 묻은 찌끄레기 틀어내고
무거운 몸 이끌며 집으로 향한다
이래가지고는 고사리 올라올 때까지
찻잎 새로 돋아날 때까지
차산 정리 하는 일 다 마칠지 모르겠다

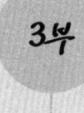

마음이 아픈 그

그가 화개골에 들어온 건
순전히 마음이 아파서이다
그에게 바깥세상은
날고뛰는 사람들의 것이었다
여리고 착한 그에게는 애시당초
낮엔 집 뒤 대나무가 친구해 주고
밤엔 하늘의 수많은 별들이 말벗 되어 주는
깊디깊은 지리산 골짝에
그 누구든 찾아와 숨어들면
지리산의 깃이 감싸 안아 주니
돈도 권력도 필요 없이
세수하지 않고 수염 깎지 않아도
아침마다 사방의 산들이 반겨주니
그래도 세상의 연 다 끊기려면
지금까지의 내 삶을 용서해 달라고
부지런히 이곳의 모든 것에게
기도하고 또 기도를 할 일이니

불일암 일용스님에게

참으로 얼굴이 맑고 고와
미안하고 송구한 말씀이지만
비구니 스님인 줄 알았습니다
정말 오랜만에 부처님 한 분 만났습니다
조그만 법당 안에 홀로 예불을 드리시는,
그 순간 아, 장엄이라는 단어를 떠올렸습니다
여기가 청학동이라는, 불일폭포 위 암자
너무 작아 혼자 계실 수밖에 없는
겨울에 묵언 수행에 들다 보면
봄에 송화꽃이 지고 나서야 스르륵 방문이 열린다는,
오륙년 째 홀로 이곳에 계신다지요
적막도 고요도 수행의 도구라지요

삼신봉에서

저 앞 바라보이는 지리산 주능선
노고단 반야봉 영신봉 촛대봉 제석봉 천왕봉
저곳들 밟았다고
입에 침 바르지 마라
속으로만 품고 살아라
저곳은 신들의 거소
사람이 관계할 일 아니다

벽소령에서

의신마을에서 삼정을 거쳐 오르막길
산은 언제나 그러하였다
슬픔, 저 아래로 흘러내려가도록 하였으니
다리 풀려 힘들게 헉헉거리며 오르다 보면
그리움, 혼자 서럽게만 느끼던 것
내 핏속으로 스며들어 쌓이기 시작하네
벽소령산장에서 초코파이 커피를 사 아이처럼 먹다 보니
아, 이제야 당신에게 해줄 말이 생각났다
그래, 꽃이다. 꽃이었으니
이렇게 왈칵 달려드는 느낌, 왜 몰랐을까

녹차를 우려마시며

왼쪽 위 가운데 흔들거리는 이 아파
머리끝까지 욱신거려 움찔움찔하면서
늦은 밤 지리산 국사암 아래 내 집 구석에 앉아
삼십년 가량 쓰고 있는 '토곡土谷' 다관에 녹차를 우려
혼자서 두 시간 넘게 책 읽으며 천천히 마신다
바깥의 길고양이들도 잠들었는지 조용하다
세상의 소리는 그 무엇 하나 들리지 않고
벽걸이 시계소리만 째각 째각 소리 낸다
마당엔 눈송이 몇 공중에 날리고 있을까
순천만에서 만났던 기러기 어디쯤 가고 있을까
세상의 모습 다 보았을 테지만 묵묵하리니
녹차 농사짓느라 탈이 난 오른쪽 팔목
찻잔 들 때마다 심하게 아린다

문집 아저씨

창문 방충망 손을 보려고 찾아간 구례 문집
아저씨는 키가 작은 오십 다섯이고
아주머니는 이십 대 후반으로 젊은 필리핀 사람
두 살 된 아들이 유모차에 앉아 자고 있다
아저씬 피아골 평동마을 출신
중학교 졸업 후 부산으로 가 공장생활 시작하여
하단서 목공일 배웠다고
고물상도 하고, 리어카 야채행상도 하고
안 해본 일이 없다는
지금 아내는 세 번째 부인이라는
하하, 와이프가 얼마나 예쁘면 입만 열면 자랑이다

여러 상념이 떠올라서

늘 살면서 여러 생각들이 많았으니
일찍부터 독서를 하면서 꿈꾼 세상과는 달리
사람 어울려 사는 이 하늘 아래
사람 사이의 도가 너무 많이 훼손되어 있으니
목압마을에 들어와 살면서
차산에 올라가 밭일을 할 때에도
가끔 스탠트 시술한 심장이 아니어도
가슴이 답답하여 우두커니 서서
맞은편 황장산을 바라보는 일이 잦다
소문산의 은둔자 손등이 아니라도
가끔 길게 휘파람을 불기도 한다
그렇다고 모든 손 놓고 있을 수는 없으니
마음만 그저 은둔과 방랑을 번갈아 할 수밖에 없으니

불일폭포에 갔다 오며

아침, 집에서 국사암 앞을 거쳐
쌍계사와 불일폭포 갈림길
젊은 스님 말없이 스쳐지나가고
나는 스틱을 짚으며 천천히
심장 좋지 않아 호흡 가빠
몇 걸음 걷곤 쉰다
젊었을 때부터 얼마나 많이 다녔던 이 길인가
날이 너무 가물어 계곡엔 물이 흐르지 않는다
힘들게 힘들게 불일암 거쳐 폭포 도달하니
이런, 저게 과연 예전에 보던 폭포가 맞나
오년 만에 온 것 같다
육십 미터 길이 폭포
물이 말라
위에서 오줌 흘러내리듯
졸졸졸
오랫동안 보고 있으려니 스스로 민망하여
돌아서 난간 잡고 오르는 길
왜 이리 힘드는지
불일암 못미처 사십 대로 보이는 스님

인사 하려니 쳐다보지도 않고
옆으로 빠르게 지나가 버린다
중간쯤 내려오는데
또 한 스님 만나 인사 건네니
반갑게 인사 받아준다

이가영 선생

특이한 느낌이 묻어난다, 이가영 선생은
누가 보아도 수행자 냄새
또는 화개골에 묻혀 명상을 오랫동안 한 냄새
누구의 힘이나 도움 없이 혼자서 살아온 냄새
은근하지 않고 바로 드러나는, 성격이리라
처음 생면부지의 목압마을에 은일하듯 들어와
불일평전이 어디라고, 그곳에서
불일암에서, 국사암에서
밤이면 온갖 귀신들과 싸우며, 결국엔 그들을 이겨냈으니
 그 힘들고 외로웠던 삶이야 어찌 다 알 수 있을까마는
 어느 날 엄마 찾아 내려온, 올해 스물다섯의 아들
 불일평전 곳곳에 있던 불온한 영정들 불태우며
 좋은 데 가시라고 나무아미타불 극락왕생을 빌어주던
 헤어진 남편보다 더 듬직하고 어른스럽고 자랑스러운
 아들 있어 행복한, 이제는 힘들었던 지난 날 잊어버려
 삼신마을 위쪽 광양 백운산, 굽이진 섬진강이 바라보이는 장소
 집 지어 살고 있는, 이제는 따뜻하고 선한 사람 만나면 좋겠다는

하동야생차박물관 녹차체험관에서 방문객들에게 다도 시범을 보이는
 이가영 선생, 머지않아 멍든 그 마음 펴질 날 반드시 올 것이니
 산까치 뿐 아니라 다정한 사람 자연스레 찾아올 것이니

정구지

마당가 후미진 곳 자생하는 정구지
손바닥만 한 화단 한 곳에 모아 심으니
열 한 포기, 한 포기라야 서너 가닥 올라올까 말까
너희들 마음도 물어보지 않고
자라면 내가 이곳저곳 다니지 않아도
한꺼번에 가위로 자를 수 있고
한 군데 모여 자라면
너희들도 덜 외로울 것 같아 그랬다
너희들도 각자의 본성이 있을 터인데
내 생각대로만 너희들 터전 옮겼구나
그다지 마음 상하지 않았다면 용서해주려무나
대신 아침저녁으로 빠트리지 않고 물 잘 줄 터이니

임시장터에서

쌍계사 들어가는 다리 쌍계교 앞쪽
큰 주차장과 연결된 곳
일요일이라 임시로 작은 장이 섰다
아주머니들 아홉 열 명
고사리 두릅 엄나무순 취 버섯 녹차
조금씩 펼쳐 팔고 있다
안쪽에 우리 마을 들어가서 오른쪽 첫 번째 민박집
명산민박의 김종회 씨 아내도 이것저것 팔고 있다
아이가 네 명이라서
큰 아이가 중학생, 막내가 네 살
부지런히 벌어야 한다는
도수 높은 검은 뿔테 안경 너머로
건강하고 밝은 눈빛이다

지리산

그대 도인이여
도대체 어느 골짝에 숨어 있는가
1억 3천만 평 넓이
아무리 그대 찾아
지리산 헤매어도
내게는 보이지 않네
찾을 수가 없네

진현 스님

스님의 맑은 기운이 칠불사 뿐 아니라
이 지리산 전역에 퍼져나가는 듯합니다
운상선원 선원장이라는 말씀이 없으셔도
푸른 공부를 많이 하신 모습 그대로 배어나옵니다
꽃길 십리에 펼쳐놓은 듯합니다
어렵게 발품 팔아 문헌들 뒤져
칠불사에서도 수행하신 서산대사님 출가지 밝혀
대덕산 자락에 원통암 복원하셨으니
은사 스님인 통광스님의 은혜도 입어셨다지요?
스님의 말씀을 듣는 동안
어리석은 저는 저도 모르게 무아지경에 들었습니다
원통암에서 직접 우려주시는 차를 얻어 마시며
물안개가 저녁노을에 섞이는 기분을 느꼈습니다

남해 스님의 차 만들기

 남해에 차를 이곳 화개골과 다르게 만든다는 이야기 듣고
 구경하고 싶어 마을 사람들 따라 새벽 다섯 시에 나섰다
 창선의 야트막한 산속에 도솔암이라는 토굴 지어
 수행하시면서 차도 만드는 일흔 가까운 선견스님
 그 차 만드는 법 전수 받는다는 명오 비구니 스님
 내가 사는 마을에서 오십 킬로그램의 차잎을 가져갔다
 화개골에서는 찻잎을 덖고 비비기를 몇 차례 반복해 차를 만드는데
 선견스님은 끓는 물에 찻잎을 한 번 데친 후 찬물에 식혀
 덖어 기계에 비비기를 세 차례 한 후
 솥에 쪄 다시 비벼 온돌방에서 말려 차를 만드신다
 그렇게 해야 녹차가 가진 독성과 찬 기운을 다 뺄 수 있다고
 맛과 향은 덜하지만 일 년간 독에 넣어두었다 마시면 부드럽다고
 구경하러 간 나도 일손이 모자라 부지런히 도와 드렸다

찻집에 홀로 앉아

다음 생이 있어
다시 태어난다면
다른 사람 다가올 수 없는
험지에 있는 수도원
유폐된 그곳에서
나는 수사가 되고 싶다고 하였다
그런 성징 탓인지
세상 고난 많아
평생 하나의 마음으로 기도 일만 하는
종종 누군가를 간절히 찾는다

길을 걸으며

의신마을 위 삼정마을에서 벽소령으로 가는 길
산에 평평하게 차가 갈 수 있게 닦여 있는 길
산사람들을 토벌하기 위한 군인들 태우고 가던 길
세월도 무정하게, 가슴 아파하는 사람들도 없이
뿌리 뻗어온 나무들이 듬성듬성 자라고 있다
예전에 도망 온 노비들, 죄 짓고 숨어들어온 사람들
산짐승처럼 움막 지어 약초 캐고 나무 해 먹고살던
어떤 연유든 이 골짝에 들어오면 삼신할매가
가여워 먹고살게 해준다는 전설이 있는 곳
산사람들 토벌하던 당시
의신골에 핏물이 몇날 며칠이고 흘러내렸다고
의신마을 골짝마다 새벽까지 별이 밝게 빛나는 건
외로웠던 그 사람들 죽어서도 살아있는 사람들
잘 되어라, 밤길 조심해서 다니거라
세상의 아버지 마음으로 비추어 주기 때문이라고

찻잎을 따며

차를 마시지 않고 찻잎만 따는데도
어쩌면 이렇게 마음이 평화롭고 고요할 수 있단 말인가
미세한 빗방울이 떨어지다 그치고 또 떨어지고
내 어린 시절에도 이런 마음이었을까
그때도 지금처럼 뻐꾸기 뻐꾹 뻐꾹 한가롭게 울었을까
차밭 비탈져 오르락내리락 종일 따도 두 손 안에 가득한데
뻐꾸기는 내가 심심할까봐 그런 것일까
스무 번 이상 친숙한 목소리로 울어주고
나도 모르게 아이처럼 뻐꾹 뻐꾹 화답해준다

텃밭을 만들고

상추 들깨 열무 쑥갓 씨앗, 고추모종
우중충한 날 구례장에서 사 갖고 와
마당에 호미로 고랑 다섯 개 만들어
돌 다 가려내고 흙덩이 잘게 부수어
내일 비가 온다기에 힘들어도 심는다
설사 흙 아래 묻힌 저것들 다 살아 올라온다 한들
은둔하는 내 삶에 무슨 의미가 있을까마는
화개골에서의 인생도 결국은 뜬구름이겠지만
어느 곳인들 내 수심이 없어질까만
물끄러미 바라보는 마당의 고양이들에게 물어본다
머리에 땀이 나 모자 벗고
몇 시간째 이러는 내 모습이 보기 좋은가
너희나 나나 한 생명체에 불과하니
인간인 나라고 무슨 장대한 뜻 이룰 수 있겠는가

의신마을

여름 일요일
의신마을 입구에 관광버스
수십 대가 사람들을 하차시킨다
대성골 옛길로 산행을 하는 등산객들
그 많은 관광버스 신기하게도
도로변에 일렬로 자로 그은 듯이
차를 세운다
저 많은 등산객들
부산에서 온 사람들이 대부분이란다
산행 겸 피서 겸
계곡 곳곳에서 밥을 먹기도 하고
화투를 치는 여유를 부리는

권경란 할머니를 조문하다

올해 아흔 두 살의 권경란 할머니를 조문하러 갔다
처음 가보는 구례병원 장례식장 빈소 입구
할머니의 여덟 명의 자식들 이름이 붙어 있다
며칠 전 아침 보건소 가신다고
마을 입구 버스정류장 의자에 혼자 앉아 계시길래
태워드렸다 배가 아파서 링거나 한 대 맞아야겠다고
마을회관에 가면 부엌방에서 늘 책을 읽고 계셨다
일제 강점기 때 소학교를 나와 한글을 읽을 줄 안다고
손주들이 할머니 읽으시라고 무협지를 사준다고 하였다
집에 있는 소설책 몇 권을 읽으시라고 갖다 드렸다
이런 책은 본 적이 없는데 잘 읽겠다고
전라도에서 장롱 만드는 기술자인 남편과 자식들 데리고
아무 것도 없이 화개골 목압마을에 들어와
큰 아들은 일찍 죽고 둘째 아들인 최만종 씨와 함께 사셨다
아들이 부지런하여 지금은 마을에서 부자 소리 듣고 살고

대학병원까지 가 검사를 해보니
장이 다 곪고 막혀 있다 하여 연세 많아 수술도 못하고
자식들 손주들 모두 다 병원서 보고
조용히 주무시듯 그렇게 가셨다고, 착하다고 소문난 며느리
장례식장 문상객 음식 먹는 자리에서 울면서 이야기한다
앉아 있으니 마을 사람들 한 둘씩 다 모인다

입을 열면 창자가 다 보인다

내 집에서 바로 저 삼층집, 그곳 찻집
관아수제차 안주인 김정옥 여사님
친정이 경남 고성으로
경주 김씨 집성촌에 사셨다고
김해에 사는 박병출 시인과 닮아 이미지가 중첩되는
발효차를 우려주시며 재미있는 이야기 많이 들려주신다
자신은 입만 열면 창자가 다 보인다고 하여
내가 소리 내어 크게 웃으니
자신은 이야기를 할 때
속이 그대로 다 드러난다는 말이라니

계곡 물소리 요란한데

오늘은 추계 이기송 선생 댁에서
한시 수업을 한다
술 마시며 아이들처럼 잡담이 길어지다
늙은 학동들에게 율시에 대하여 설명을 하는데
보름이 가까워져 창밖으로 큰 달이 비치고
마당의 철쭉이 유난히 더 붉게 보인다
평측과 운자를 설명하는데
위에서 내려오는 계곡 물소리가 유난히 크게 들린다
이삼일 비가 많이 내린 때문
큰 비가 오면 계곡은 하룻밤에도 수십 대의 탱크가
우당탕 쿵쾅 요란스럽게 지나가는 것 같다
아직 평측 설명이 다 끝나지 않았는데
두보의 봄물이란 시가 자꾸 떠오른다

권혜련 차인

차를 오래한 느낌이 묻어났다

내면에는 보살심이 그득함도
천천히 이야기를 주고받다 보니 전해졌다

찻집 이름 고반재考槃齋
아주 작고 소박한 집이라는 말
직접 지었다고

우리나라 차의 첫 재배지를 찾아
구례 산동 지리산온천지역 앞
서울에서 여자 혼자의 몸으로 내려왔으니

그가 누구든 많은 사람들이 차를 마시며
더 즐겁고 복 받는 삶 되기를 바란다는

고창 선운사 뒤
욕심 없는 사람이 만들었다는 차
욕심 없는 사람이 우려내는
발효차 오랜만에 마음 편히 마신다

앙징스런 찻잔에 새겨진 복福
푸르스름한 색의 글자 가만히 들여다본다
나도 차인이 바라는 그런 사람 될 수 있을까

4부

발바닥이 아프다

고사리 꺾는다고
찻잎 딴다고
낫으로 잡초 잡목 정리한다고
경사 심한 차산
하도 오르락내리락하여
무릎까지 오는 장화 신었는데도
발바닥이 아프고
양 발 첫 발가락 바닥에 물집 잡혀 아프다

벌건 녹차밭

푸른빛의 녹차밭만 알고 있었다
그러니 나의 사고는 언제나 좁을 수밖에
인간의 호흡 숨결 때문에
박물관 유물이 빨리 상한다고 들었으니
사람이 많이 살고 있지 않은 이 맑고 맑은 화개동에
그건 말이 되지 않지, 지진으로 땅이 흔들리더니
이 지구의 생명이 다한다는 징조인가
며칠이나 밤에 영하 이십 도 아래로 내려가지 않던가
지난봄에 이 골짝에 들어와 처음 맞은 겨울이었으니
담배 입에 문 마을 남자 한 사람 한 마디 던졌다
모든 게 다 얼었는데 저것들인들 성할까
아, 그렇구나. 그렇구나.
찻잎 부드럽고 여리지 않던가
 그 얇은 몸의 피부인들, 생명까지 위협하는 그 엄동 설한에
 죽지 않으려고 서로 살 부비며 버티고 버틴 흔적이니
 아, 나만 춥지 않으려고 엄살 부렸으니
 미안하구나, 그 모진 마음이면 다시 살아나리리

산매실

차산에 있는 산매실나무
작은 매실 알알이 맺혔다
열매가 조금씩 익어가는 걸 보니
더 굵어지지 않을 모양이다
익어 떨어지기 전
며칠 뒤에 따야겠는데
열매가 너무 작다

키 큰 차나무

며칠 전 차나무 친친 감고 있는 칡덩쿨
차나무 속에 섞여 같이 자란 잡목
반나절이나 걸려 다 제거해 준
내 키보다 큰 야생 차나무에서
찻잎 딴다
찻집에선 우전이라고 부르는
정말 작은 작설
한 개 한 개 느리게 딴다
중국 운남성 차밭엔
수십 년, 백년 된 차나무에 올라가
찻잎을 따기도 하는데

첫눈 내리는 목압마을

삼신할매가 자비를 베푸신 것일까
자고 일어나니 온 사방이 눈밭이다
가난한 사람들 외로운 사람들 모두
하얀 눈 보며 행복하라, 더 착하게 살라
깊은 뜻 담아 마을에 뿌려 보낸 눈송이들
아름답게 보기 위하여 마을 위쪽
국사암 가는 고개에서 눈 덮인 마을 본다
아, 참으로 선한 사람들 사는 동네
단골민박 할머니 용운민박 할아버지
마을 어르신들 새벽에 마당에 쌓인 눈 보며
내 가슴을 후벼 파며 상처를 주었던 사람들
나에게 거짓말하며 속였던 사람들
모두 모두 용서합니다
세상 모든 것에 감사를 드립니다
두 손 모아 빌고 비셨을 것이니

수도 파이프를 고치고

집의 물을 쓸 수 없다
물탱크와 연결된 파이프가 터진 탓인지 잠겨 있어
이장님께 수리해 줄 분 소개받았다
내 집 올라오기 전
복오리민박집 사장님 오시어
터진 것 확인하곤
새 파이프로 갈아주셨다
이 집 지을 때 일하셨다고
이십 년 넘었는데 잘 지은 집이라고
집 아래 개울가에 서서 한참 이야기를 나누었다
요즘은 시설 좋은 펜션 많이 생겨
우리처럼 오래된 민박집 이젠 손님 없다고
슬하에 아들 둘 딸 둘 두었는데
셋은 출가하고 막내만 직장 다녀
돈 벌어도 그만, 안 벌어도 그만이라는 사장님
흰머리, 깊게 팬 주름이 쓸쓸하게 느껴졌다

쌍계초등학교 아이들

쌍계초등학교 앞에만 오면 기분이 좋아진다
아이들에게서 생각지도 않은 희망을 느끼니
쌍계사 매표소를 지나 학교 앞길로 가는데
하교하는 아이들이 밝게 인사를 한다
학교 앞을 지나 산책길로 삼고 있는 소로를 따라
집으로 가다 만난 아이들도 인사를 한다
목압마을에는 김종회 씨 아이 넷 중 둘이
마을을 환하게 밝히며 이 학교에 다닌다
숲속에 있는 이 학교에 다니는 아이들은
자신들이 얼마나 좋고 멋진 학교에 다니는지
알지 못하고 산골에 사는 게 불만일지도 모른다
마을의 어르신들도 이 학교 아이들만 보면
보는 것만으로도 좋아 입이 귀에 걸리신다

용운민박 어르신들

마을로 들어오는 목압교 지나
왼쪽 첫 번째 집인 용운민박
그 맞은쪽 차문화원 건립에 재산 다 쏟아부었고
창원에서 공무원 생활하는 아들의 돈도 합하였는데
마을의 못난 사람이 송사를 걸어
이러지도 저러지도 못하여
할아버지 할머니 가슴에 병이 들었단다
내 집 옆 김해 김씨 문중 땅 농사 지으시는
낮에 할아버지 두릅 따 먹으라며 주셨는데
할머니는 전 부쳐 먹으라며 파를 가져다 주신다
올해 일흔 아홉의 할아버지, 일흔 셋의 할머니
두 분 다 참으로 곧고 바르시다

이장님 댁에서

내 집에서 맥전마을 쪽으로
팔백 미터 더 들어가 화개동천가에 있는
방갈로민박집 사장님이기도 한 최동환 이장님 댁
이 마을에서 태어나
부산 만덕 동래에서 사시다 들어와
원래 논이었던 이곳에 민박집을 지어
사모님과 두 분이 생활하신다는
이장 맡은 지 삼 년 되었다는
일을 해결해 줄 수는 없으나
고민을 들어줄 수 있으니 자주 들리라고
집밖에는 화개동천이 요란스럽게
우당탕 소리를 내며 흐르고 있다

차산에서

산 맨 위쪽에 있는 차밭
벌써 세어버린 고사리 대 뽑다
차나무에 엉겨 있는 덩굴식물 뜯어내다
훌쩍 커버린 쑥대를 뽑다
손아귀 힘줄 당겨 찻잎을 딴다
새 혀처럼 작은 것만 하나하나
윗둥치 자르지 않아
하늘로 솟아오르고 있는 차나무들
산 가팔라
몇 시간 따도
얼마 되지 않는다

이승우 할아버지

올해 일흔 여덟, 청산민박 할아버지
자그마한 체구이지만 야물게 생기셨으니
마을회관 텔레비전에서 전국노래자랑 하는데
전남 나주시 편 배경 건물에 한자 현판이 나오자
저게 무슨 글자냐고 물으시어
금성관, 나주가 금성일 때 관청 건물이라고 말씀드렸다
아, 학교를 다니지 못하셨다고
그렇지만 한글은 터득하여 일기를 쓰신다고
그래서 쌍계사 입구 공사비 며칠 분 들어오지 않아
따지니 먹히지 않아 일기장 들고 가서 보여주자
그때서야 미안하다며 못 받은 돈 받았다고
부지런 하시어 집이 두 채에다 땅도 많으시다
큰 아들은 아직 결혼을 하지 못하였고
작은 아들은 직업군인으로 아이까지 있다고
할머니는 말이 없고 점잖으시다

왕시루봉에서

노고단에서 남쪽으로 뻗어 내린 봉우리
섬진강이 저 아래로 그림처럼 굽이쳐 흐르고
저기 마주보이는 곳이 백운산
피아골 평도마을 건너 남산마을에서 올라왔다
능선 정상이 큰 시루처럼 펑퍼짐하고 두루뭉수리하다 하여
왕시루봉이란 이름 붙여졌다고
1212.1 미터나 되는 이 봉우리에 유럽풍 주택들이라니
먼 이국인 우리나라에 와 선교하던 미국인 선교사들
말라리아 이질 풍토병으로 고생 심했다고
이들을 치료하기 위해 이 높은 곳에 집을 지었다고 하니
지리산 능선에서 마주친 또 다른 생경한 삶들
저 아래 사람의 동네에선 평생 모른 채 살아가니
아, 지리산에서 낯선 생각들 얼마나 많이 일어나는가

작은 찻잎

밭에서 키우는 차나무는 새순이 크게 올라오고
산에서 자라는 내 차나무는 순이 한참 작다
마을 한 어르신께서
"안그라서 그렇다"고 하신다
밭차는 거름 비료를 하는데
야생 산차는 거름기 없어
잎이 작고 더디게 나온다고
밭차 따 전문적으로 녹차 만드는 곳에
파는 할머니들 쑤욱 올라온 새순
손바닥으로 쭈욱 훑으면 한 움큼씩이란다

저녁 무렵

마당 수돗가에 고양이들이 나누어준 밥을 먹는다
저 까만 새끼 고양이
제법 컸건만 겁 많은 건 여전하다
그래도 어제부터 저렇게 나와 어미 옆에서
한 입 먹고 두리번거리고
또 한 입 먹고 사방을 두리번거린다
저 놈이 도망가지 않도록
집에 들어와 창으로 내다본다
수돗가 저 너머로 겹겹의 산들도
저녁을 맞는 걸까
희뿌연 운무를 가득 품는다

진감국사비

쌍계사 대웅전 앞마당에 있는
신라 때 고승인 진감국사를 기리기 위하여
왕명으로 고운 최치원 선생이 서른 살 때 썼다는 비문
비가 내 키보다 훨씬 더 높은
한국전쟁 때 총탄의 상흔이 많고
비석이 파손된 부분도 있어
철테두리로 감싸 놓은
9세기 말에 만든 비석
내가 사는 인근 쌍계사 경내에
지금도 있다는 게 그저 신기할 뿐이니

고사리를 말리며

꺾어온 고사리 삶아
햇살 좋은 옥상에 널어놓고
차산 갔다 오니 바짝 말라
실오라기처럼 가늘다
나물해 먹기 전 이걸 물에 담그면
거짓말처럼 부풀어 올라
향긋한 맛을 낸다
제 몸 바쳐
사람들 맛있게 먹고
잘 살아라고
몸 보시 하러 세상 온 것인가

매화꽃이 피었네

차산에서 찔려가며 가시나무를 제거하다
비가 올 것 같아 차나무 사이로 내려온다
차밭 군데군데 있는 묵은 매화나무
언제 가지들 잘라주고 정리를 해야지
생각하는데 가지 위쪽에 꽃이 피어있다
세 잎만, 나머지는 아직 봉오리만 맺혀 있고
예뻐 마음속이 설레며 환히 밝아진다
마을의 어르신들도 일하다 꽃을 보셨을까
나보다 낮은 밭에서 일 하시니 보셨을지도
아니면 피어있는데도 무심코 그냥 지나치셨을지도
세상일이 그렇듯 사랑도 관심에서 비롯되니
꽃이 어쩌면 이렇게도 예쁘게 피었을까
진정 반기는 마음으로 몇 번이나 칭찬을 해주다
봄비가 막 쏟아질 듯이 어둑해서야 발걸음 떼었으니

반상회

저녁 일곱 시 반에 마을회관에서
반상회 열려 마을 어른들 인사차
그냥 가긴 뭣해
화개 농협마트에서 수박 두 덩이 사 참석하였다
이장님까지 남자 아홉 분, 여자 여덟 분
대부분 칠십 넘으신 어르신들
거의 다 아는 분들이었다
군청에서 체육시설 설치 예산 천만 원 나와
의논하기 위하여 오시게 했다고
원래 이천 만원 나오기로 했는데
천만 원만 나와 운동기구 세 대를 설치해야 한다고
이장님께서 반상회 진행을 하셨다
회관 앞 정자 안에 설치해도 되는지 건의해보고
안되면 회관 앞마당 주위에 설치하자고 의논이 모아졌다
그것 말고도 이런 저런 이야기 하다
밤 아홉 시 반 넘어 반상회를 마쳤다

그 사이 바깥 하늘에서는
구름과 별들이 지겨워 몇 번이나 뒤척였을 게니

녹차를 만들며

낮에 차산에서 종일 따온 찻잎 손질해
덖고 손바닥으로 비빈다
또 덖고 비비고
그러기를 아홉 차례
바닥에 말린다
녹차 제조 허가를 받은 집은
가마솥보다 큰 용기에 덖어
큰 판 위에서 비비지만
나는 집에서 그냥 조금씩 만든다
내 동작 느리다 보니
밤새 덖고 비비고
그러는 사이 내 손에 녹차향이 배이고
내 몸도 파릇파릇해진다

노랭이 새끼들을 위한 변명

초판인쇄 | 2018년 12월 20일　**초판발행 |** 2018년 12월 24일　**지은이 |** 조해훈
펴 낸 곳 | 빛남출판사
등록번호 | 제 2013-000008호
주　　소 | (48963)부산시 중구 보수대로 128(보수동 2가)
　　　　　 T.(051)441-7114　F.(051)244-7115　E-mail:wmhyun@hanmail.net

국립중앙도서관 출판예정도서목록(CIP)

노랭이 새끼들을 위한 변명 : 조해훈시집 / 지은이: 조해훈. -- 부산 : 빛남출판사, 2018
　　p. ;　cm. -- (빛남시선 ; 118)
ISBN　979-11-88539-20-8　03810 : ₩10000
한국 현대시[韓國現代詩]
811.7-KDC6
895.715-DDC23　　　　　　　　　　　CIP2018042224

※「이 도서의 국립중앙도서관 출판예정도서목록(CIP)은 서지정보유통지원시스템 홈페이지 (http://seoji.nl.go.kr)와 국가자료공동목록시스템(http://www.nl.go.kr/kolisnet)에서 이용하실 수 있습니다.(CIP제어번호: CIP2018042224)」

*본 도서는 2018년 부산광역시, 부산문화재단 지역문화예술 특성화지원 사업으로 지원을 받았습니다